DIESES BUCH GEHÖRT

_____

_____

_____

_____

DATUM: .... DAUER: ....

DAS HABE ICH TRAINIERT: ....
....
....

DAS KANN ICH NÄCHSTES MAL BESSER MACHEN: ....
....
....

DAS HAT MEIN TRAINER GESAGT: ....
....
....

NOTIZEN: ....
....
....
....
....
....

SO WAR MEIN PFERD HEUTE GELAUNT
....
SO WAR ICH HEUTE GELAUNT
....
GESAMTBEWERTUNG
....

DATUM:.. DAUER: ....

DAS HABE ICH TRAINIERT:
....
....
....

DAS KANN ICH NÄCHSTES MAL BESSER MACHEN:............................
....
....
....

DAS HAT MEIN TRAINER GESAGT:...
....
....
....

NOTIZEN:...
....
....
....
....
....

SO WAR MEIN PFERD HEUTE GELAUNT
....

SO WAR ICH HEUTE GELAUNT
....

GESAMTBEWERTUNG
....

DATUM: .... DAUER: ....

DAS HABE ICH TRAINIERT: ....
....
....

DAS KANN ICH NÄCHSTES MAL BESSER MACHEN: ....
....
....

DAS HAT MEIN TRAINER GESAGT: ....
....
....

NOTIZEN: ....
....
....
....
....
....

SO WAR MEIN PFERD HEUTE GELAUNT
....
SO WAR ICH HEUTE GELAUNT
....
GESAMTBEWERTUNG
....

DATUM: .... DAUER: ....

DAS HABE ICH TRAINIERT: ....
....
....

DAS KANN ICH NÄCHSTES MAL BESSER MACHEN: ....
....
....

DAS HAT MEIN TRAINER GESAGT: ....
....
....

NOTIZEN: ....
....
....
....
....

SO WAR MEIN PFERD HEUTE GELAUNT
....

SO WAR ICH HEUTE GELAUNT
....

GESAMTBEWERTUNG
....

DATUM: .... DAUER: ....

DAS HABE ICH TRAINIERT: ....
....
....

DAS KANN ICH NÄCHSTES MAL BESSER MACHEN: ....
....
....

DAS HAT MEIN TRAINER GESAGT: ....
....
....

NOTIZEN: ....
....
....
....
....
....

SO WAR MEIN PFERD HEUTE GELAUNT
....

SO WAR ICH HEUTE GELAUNT
....

GESAMTBEWERTUNG
....

DATUM: .... DAUER: ....

DAS HABE ICH TRAINIERT: ....
....
....

DAS KANN ICH NÄCHSTES MAL BESSER MACHEN: ....
....
....

DAS HAT MEIN TRAINER GESAGT: ....
....
....

NOTIZEN: ....
....
....
....
....
....

SO WAR MEIN PFERD HEUTE GELAUNT
....

SO WAR ICH HEUTE GELAUNT
....

GESAMTBEWERTUNG
....

DATUM: .... DAUER: ....

DAS HABE ICH TRAINIERT: ....
....
....

DAS KANN ICH NÄCHSTES MAL BESSER MACHEN: ....
....
....

DAS HAT MEIN TRAINER GESAGT: ....
....
....

NOTIZEN: ....
....
....
....
....

SO WAR MEIN PFERD HEUTE GELAUNT
....

SO WAR ICH HEUTE GELAUNT
....

GESAMTBEWERTUNG
....

DATUM:.. DAUER: ....

DAS HABE ICH TRAINIERT:
....
....
....

DAS KANN ICH NÄCHSTES MAL BESSER MACHEN:...........
....
....

DAS HAT MEIN TRAINER GESAGT:..........................
....
....

NOTIZEN:..
....
....
....
....

SO WAR MEIN PFERD HEUTE GELAUNT
....

SO WAR ICH HEUTE GELAUNT
....

GESAMTBEWERTUNG
....

DATUM: .... DAUER: ....

DAS HABE ICH TRAINIERT: ....

....

....

DAS KANN ICH NÄCHSTES MAL BESSER MACHEN: ....

....

....

DAS HAT MEIN TRAINER GESAGT: ....

....

....

NOTIZEN: ....

....

....

....

....

....

SO WAR MEIN PFERD HEUTE GELAUNT

....

SO WAR ICH HEUTE GELAUNT

....

GESAMTBEWERTUNG

....

DATUM: .... DAUER: ....

DAS HABE ICH TRAINIERT: ....
....
....
....

DAS KANN ICH NÄCHSTES MAL BESSER MACHEN: ....
....
....
....

DAS HAT MEIN TRAINER GESAGT: ....
....
....
....

NOTIZEN: ....
....
....
....
....
....

SO WAR MEIN PFERD HEUTE GELAUNT
....

SO WAR ICH HEUTE GELAUNT
....

GESAMTBEWERTUNG
....

DATUM: .... DAUER: ....

DAS HABE ICH TRAINIERT: ....
....
....

DAS KANN ICH NÄCHSTES MAL BESSER MACHEN: ....
....
....

DAS HAT MEIN TRAINER GESAGT: ....
....
....

NOTIZEN: ....
....
....
....
....
....

SO WAR MEIN PFERD HEUTE GELAUNT
....

SO WAR ICH HEUTE GELAUNT
....

GESAMTBEWERTUNG
....

DATUM: .... DAUER: ....

DAS HABE ICH TRAINIERT: ....
....
....

DAS KANN ICH NÄCHSTES MAL BESSER MACHEN: ....
....
....
....

DAS HAT MEIN TRAINER GESAGT: ....
....
....
....

NOTIZEN: ....
....
....
....
....
....

SO WAR MEIN PFERD HEUTE GELAUNT
....

SO WAR ICH HEUTE GELAUNT
....

GESAMTBEWERTUNG
....

DATUM: .... DAUER: ....

DAS HABE ICH TRAINIERT: ....

....

....

DAS KANN ICH NÄCHSTES MAL BESSER MACHEN: ....

....

....

DAS HAT MEIN TRAINER GESAGT: ....

....

....

NOTIZEN: ....

....

....

....

....

....

SO WAR MEIN PFERD HEUTE GELAUNT

....

SO WAR ICH HEUTE GELAUNT

....

GESAMTBEWERTUNG

....

DATUM: .... DAUER: ....

DAS HABE ICH TRAINIERT: ....
....
....

DAS KANN ICH NÄCHSTES MAL BESSER MACHEN: ....
....
....

DAS HAT MEIN TRAINER GESAGT: ....
....
....

NOTIZEN: ....
....
....
....
....
....

SO WAR MEIN PFERD HEUTE GELAUNT
....
SO WAR ICH HEUTE GELAUNT
....
GESAMTBEWERTUNG
....

DATUM: .... DAUER: ....

DAS HABE ICH TRAINIERT: ....
....
....

DAS KANN ICH NÄCHSTES MAL BESSER MACHEN: ....
....
....

DAS HAT MEIN TRAINER GESAGT: ....
....
....

NOTIZEN: ....
....
....
....
....
....

SO WAR MEIN PFERD HEUTE GELAUNT
....
SO WAR ICH HEUTE GELAUNT
....
GESAMTBEWERTUNG
....

DATUM: .... DAUER: ....

DAS HABE ICH TRAINIERT: ....

....

....

DAS KANN ICH NÄCHSTES MAL BESSER MACHEN: ....

....

....

DAS HAT MEIN TRAINER GESAGT: ....

....

....

NOTIZEN: ....

....

....

....

....

SO WAR MEIN PFERD HEUTE GELAUNT

....

SO WAR ICH HEUTE GELAUNT

....

GESAMTBEWERTUNG

....

DATUM: .... DAUER: ....

DAS HABE ICH TRAINIERT: ....

....

....

DAS KANN ICH NÄCHSTES MAL BESSER MACHEN: ....

....

....

DAS HAT MEIN TRAINER GESAGT: ....

....

....

NOTIZEN: ....

....

....

....

....

....

SO WAR MEIN PFERD HEUTE GELAUNT

....

SO WAR ICH HEUTE GELAUNT

....

GESAMTBEWERTUNG

....

DATUM: .... DAUER: ....

DAS HABE ICH TRAINIERT: ....
....
....

DAS KANN ICH NÄCHSTES MAL BESSER MACHEN: ....
....
....

DAS HAT MEIN TRAINER GESAGT: ....
....
....

NOTIZEN: ....
....
....
....
....

SO WAR MEIN PFERD HEUTE GELAUNT

SO WAR ICH HEUTE GELAUNT

GESAMTBEWERTUNG
....

DATUM: .... DAUER: ....

DAS HABE ICH TRAINIERT: ....
....
....

DAS KANN ICH NÄCHSTES MAL BESSER MACHEN: ....
....
....

DAS HAT MEIN TRAINER GESAGT: ....
....
....

NOTIZEN: ....
....
....
....
....
....

SO WAR MEIN PFERD HEUTE GELAUNT
....
SO WAR ICH HEUTE GELAUNT
....
GESAMTBEWERTUNG
....

DATUM: .... DAUER: ....

DAS HABE ICH TRAINIERT: ....
....
....
....

DAS KANN ICH NÄCHSTES MAL BESSER MACHEN: ....
....
....
....

DAS HAT MEIN TRAINER GESAGT: ....
....
....
....

NOTIZEN: ....
....
....
....
....
....

SO WAR MEIN PFERD HEUTE GELAUNT
....

SO WAR ICH HEUTE GELAUNT
....

GESAMTBEWERTUNG
....

DATUM: .... DAUER: ....

DAS HABE ICH TRAINIERT: ....
....
....

DAS KANN ICH NÄCHSTES MAL BESSER MACHEN: ....
....
....

DAS HAT MEIN TRAINER GESAGT: ....
....
....

NOTIZEN: ....
....
....
....
....
....

SO WAR MEIN PFERD HEUTE GELAUNT
....

SO WAR ICH HEUTE GELAUNT
....

GESAMTBEWERTUNG
....

DATUM: .... DAUER: ....

DAS HABE ICH TRAINIERT: ....
....
....

DAS KANN ICH NÄCHSTES MAL BESSER MACHEN: ....
....
....

DAS HAT MEIN TRAINER GESAGT: ....
....
....

NOTIZEN: ....
....
....
....
....

SO WAR MEIN PFERD HEUTE GELAUNT
....

SO WAR ICH HEUTE GELAUNT
....

GESAMTBEWERTUNG
....

DATUM: .... DAUER: ....

DAS HABE ICH TRAINIERT: ....
....
....

DAS KANN ICH NÄCHSTES MAL BESSER MACHEN: ....
....
....

DAS HAT MEIN TRAINER GESAGT: ....
....
....

NOTIZEN: ....
....
....
....
....
....

SO WAR MEIN PFERD HEUTE GELAUNT
....

SO WAR ICH HEUTE GELAUNT
....

GESAMTBEWERTUNG
....

DATUM:.. DAUER: ....

DAS HABE ICH TRAINIERT: ....
....
....

DAS KANN ICH NÄCHSTES MAL BESSER MACHEN:.....................
....
....

DAS HAT MEIN TRAINER GESAGT:...
....
....

NOTIZEN:..
....
....
....
....
....

SO WAR MEIN PFERD HEUTE GELAUNT
....
SO WAR ICH HEUTE GELAUNT
....
GESAMTBEWERTUNG
....

DATUM: .... DAUER: ....

DAS HABE ICH TRAINIERT: ....

....

....

DAS KANN ICH NÄCHSTES MAL BESSER MACHEN: ....

....

....

DAS HAT MEIN TRAINER GESAGT: ....

....

....

NOTIZEN: ....

....

....

....

....

....

SO WAR MEIN PFERD HEUTE GELAUNT

....

SO WAR ICH HEUTE GELAUNT

....

GESAMTBEWERTUNG

....

DATUM: .... DAUER: ....

DAS HABE ICH TRAINIERT: ....
....
....

DAS KANN ICH NÄCHSTES MAL BESSER MACHEN: ....
....
....

DAS HAT MEIN TRAINER GESAGT: ....
....
....

NOTIZEN: ....
....
....
....
....

SO WAR MEIN PFERD HEUTE GELAUNT
....

SO WAR ICH HEUTE GELAUNT
....

GESAMTBEWERTUNG
....

DATUM: .... DAUER: ....

DAS HABE ICH TRAINIERT: ....
....
....

DAS KANN ICH NÄCHSTES MAL BESSER MACHEN: ....
....
....

DAS HAT MEIN TRAINER GESAGT: ....
....
....

NOTIZEN: ....
....
....
....
....
....

SO WAR MEIN PFERD HEUTE GELAUNT
....

SO WAR ICH HEUTE GELAUNT
....

GESAMTBEWERTUNG
....

DATUM: .... DAUER: ....

DAS HABE ICH TRAINIERT: ....
....
....

DAS KANN ICH NÄCHSTES MAL BESSER MACHEN: ....
....
....

DAS HAT MEIN TRAINER GESAGT: ....
....
....

NOTIZEN: ....
....
....
....
....

SO WAR MEIN PFERD HEUTE GELAUNT
....

SO WAR ICH HEUTE GELAUNT
....

GESAMTBEWERTUNG
....

DATUM: .... DAUER: ....

DAS HABE ICH TRAINIERT: ....
....
....

DAS KANN ICH NÄCHSTES MAL BESSER MACHEN: ....
....
....

DAS HAT MEIN TRAINER GESAGT: ....
....
....

NOTIZEN: ....
....
....
....
....

SO WAR MEIN PFERD HEUTE GELAUNT
....

SO WAR ICH HEUTE GELAUNT
....

GESAMTBEWERTUNG
....

DATUM: .... DAUER: ....

DAS HABE ICH TRAINIERT: ....
....
....

DAS KANN ICH NÄCHSTES MAL BESSER MACHEN: ....
....
....

DAS HAT MEIN TRAINER GESAGT: ....
....
....

NOTIZEN: ....
....
....
....
....
....

SO WAR MEIN PFERD HEUTE GELAUNT
....

SO WAR ICH HEUTE GELAUNT
....

GESAMTBEWERTUNG
....

DATUM: .... DAUER: ....

DAS HABE ICH TRAINIERT: ....
....
....

DAS KANN ICH NÄCHSTES MAL BESSER MACHEN: ....
....
....

DAS HAT MEIN TRAINER GESAGT: ....
....
....

NOTIZEN: ....
....
....
....
....
....

SO WAR MEIN PFERD HEUTE GELAUNT
....
SO WAR ICH HEUTE GELAUNT
....
GESAMTBEWERTUNG
....

DATUM: .... DAUER: ....

DAS HABE ICH TRAINIERT: ....
....
....

DAS KANN ICH NÄCHSTES MAL BESSER MACHEN: ....
....
....

DAS HAT MEIN TRAINER GESAGT: ....
....
....

NOTIZEN: ....
....
....
....
....
....

SO WAR MEIN PFERD HEUTE GELAUNT
....

SO WAR ICH HEUTE GELAUNT
....

GESAMTBEWERTUNG
....

DATUM: .... DAUER: ....

DAS HABE ICH TRAINIERT: ....
....
....

DAS KANN ICH NÄCHSTES MAL BESSER MACHEN: ....
....
....

DAS HAT MEIN TRAINER GESAGT: ....
....
....

NOTIZEN: ....
....
....
....
....
....

SO WAR MEIN PFERD HEUTE GELAUNT
....
SO WAR ICH HEUTE GELAUNT
....
GESAMTBEWERTUNG
....

DATUM:... DAUER: ....

DAS HABE ICH TRAINIERT: ....
....
....

DAS KANN ICH NÄCHSTES MAL BESSER MACHEN:..................
....
....

DAS HAT MEIN TRAINER GESAGT:..............................
....
....

NOTIZEN:...
....
....
....
....

SO WAR MEIN PFERD HEUTE GELAUNT
....

SO WAR ICH HEUTE GELAUNT
....

GESAMTBEWERTUNG
....

DATUM: .... DAUER: ....

DAS HABE ICH TRAINIERT: ....
....
....

DAS KANN ICH NÄCHSTES MAL BESSER MACHEN: ....
....
....
....

DAS HAT MEIN TRAINER GESAGT: ....
....
....

NOTIZEN: ....
....
....
....
....
....

SO WAR MEIN PFERD HEUTE GELAUNT
....
SO WAR ICH HEUTE GELAUNT
....
GESAMTBEWERTUNG
....

DATUM: .... DAUER: ....

DAS HABE ICH TRAINIERT: ....
....
....

DAS KANN ICH NÄCHSTES MAL BESSER MACHEN: ....
....
....

DAS HAT MEIN TRAINER GESAGT: ....
....
....

NOTIZEN: ....
....
....
....
....
....

SO WAR MEIN PFERD HEUTE GELAUNT
....

SO WAR ICH HEUTE GELAUNT
....

GESAMTBEWERTUNG
....

DATUM: .... DAUER: ....

DAS HABE ICH TRAINIERT: ....
....
....

DAS KANN ICH NÄCHSTES MAL BESSER MACHEN: ....
....
....

DAS HAT MEIN TRAINER GESAGT: ....
....
....

NOTIZEN: ....
....
....
....
....

SO WAR MEIN PFERD HEUTE GELAUNT
....

SO WAR ICH HEUTE GELAUNT
....

GESAMTBEWERTUNG
....

DATUM: .... DAUER: ....

DAS HABE ICH TRAINIERT: ....
....
....

DAS KANN ICH NÄCHSTES MAL BESSER MACHEN: ....
....
....

DAS HAT MEIN TRAINER GESAGT: ....
....
....

NOTIZEN: ....
....
....
....
....
....

SO WAR MEIN PFERD HEUTE GELAUNT
....

SO WAR ICH HEUTE GELAUNT
....

GESAMTBEWERTUNG
....

DATUM: .... DAUER: ....

DAS HABE ICH TRAINIERT: ....
....
....

DAS KANN ICH NÄCHSTES MAL BESSER MACHEN: ....
....
....

DAS HAT MEIN TRAINER GESAGT: ....
....
....

NOTIZEN: ....
....
....
....
....

SO WAR MEIN PFERD HEUTE GELAUNT
....

SO WAR ICH HEUTE GELAUNT
....

GESAMTBEWERTUNG
....

DATUM: .... DAUER: ....

DAS HABE ICH TRAINIERT: ....
....
....

DAS KANN ICH NÄCHSTES MAL BESSER MACHEN: ....
....
....

DAS HAT MEIN TRAINER GESAGT: ....
....
....

NOTIZEN: ....
....
....
....
....
....

SO WAR MEIN PFERD HEUTE GELAUNT

....

SO WAR ICH HEUTE GELAUNT

....

GESAMTBEWERTUNG

....

DATUM: .... DAUER: ....

DAS HABE ICH TRAINIERT: ....
....
....

DAS KANN ICH NÄCHSTES MAL BESSER MACHEN: ....
....
....

DAS HAT MEIN TRAINER GESAGT: ....
....
....

NOTIZEN: ....
....
....
....
....

SO WAR MEIN PFERD HEUTE GELAUNT
....

SO WAR ICH HEUTE GELAUNT
....

GESAMTBEWERTUNG
....

DATUM:.. DAUER: ....

DAS HABE ICH TRAINIERT: ....
....
....

DAS KANN ICH NÄCHSTES MAL BESSER MACHEN:........................
....
....

DAS HAT MEIN TRAINER GESAGT:....................................
....
....

NOTIZEN:...
....
....
....
....
....

SO WAR MEIN PFERD HEUTE GELAUNT
....
SO WAR ICH HEUTE GELAUNT
....
GESAMTBEWERTUNG
....

DATUM: .... DAUER: ....

DAS HABE ICH TRAINIERT: ....
....
....

DAS KANN ICH NÄCHSTES MAL BESSER MACHEN: ....
....
....

DAS HAT MEIN TRAINER GESAGT: ....
....
....

NOTIZEN: ....
....
....
....
....
....

SO WAR MEIN PFERD HEUTE GELAUNT
....

SO WAR ICH HEUTE GELAUNT
....

GESAMTBEWERTUNG
....

DATUM: .... DAUER: ....

DAS HABE ICH TRAINIERT: ....
....
....

DAS KANN ICH NÄCHSTES MAL BESSER MACHEN: ....
....
....

DAS HAT MEIN TRAINER GESAGT: ....
....
....

NOTIZEN: ....
....
....
....
....
....

SO WAR MEIN PFERD HEUTE GELAUNT
....

SO WAR ICH HEUTE GELAUNT
....

GESAMTBEWERTUNG
....

DATUM: .... DAUER: ....

DAS HABE ICH TRAINIERT: ....
....
....

DAS KANN ICH NÄCHSTES MAL BESSER MACHEN: ....
....
....

DAS HAT MEIN TRAINER GESAGT: ....
....
....

NOTIZEN: ....
....
....
....
....

SO WAR MEIN PFERD HEUTE GELAUNT
....
SO WAR ICH HEUTE GELAUNT
....
GESAMTBEWERTUNG
....

DATUM:... DAUER: ....

DAS HABE ICH TRAINIERT: ....
....
....

DAS KANN ICH NÄCHSTES MAL BESSER MACHEN:.................
....
....

DAS HAT MEIN TRAINER GESAGT:..................................
....
....

NOTIZEN:...
....
....
....
....

SO WAR MEIN PFERD HEUTE GELAUNT
....

SO WAR ICH HEUTE GELAUNT
....

GESAMTBEWERTUNG
....

DATUM: .... DAUER: ....

DAS HABE ICH TRAINIERT: ....

....

....

DAS KANN ICH NÄCHSTES MAL BESSER MACHEN: ....

....

....

DAS HAT MEIN TRAINER GESAGT: ....

....

....

NOTIZEN: ....

....

....

....

....

....

SO WAR MEIN PFERD HEUTE GELAUNT

....

SO WAR ICH HEUTE GELAUNT

....

GESAMTBEWERTUNG

....

DATUM:.. DAUER: ....

DAS HABE ICH TRAINIERT: ....
....
....

DAS KANN ICH NÄCHSTES MAL BESSER MACHEN:........................
....
....

DAS HAT MEIN TRAINER GESAGT:...
....
....

NOTIZEN:..
....
....
....
....

SO WAR MEIN PFERD HEUTE GELAUNT
....

SO WAR ICH HEUTE GELAUNT
....

GESAMTBEWERTUNG
....

DATUM: .... DAUER: ....

DAS HABE ICH TRAINIERT: ....

....

....

DAS KANN ICH NÄCHSTES MAL BESSER MACHEN: ....

....

....

DAS HAT MEIN TRAINER GESAGT: ....

....

....

NOTIZEN: ....

....

....

....

....

....

SO WAR MEIN PFERD HEUTE GELAUNT

....

SO WAR ICH HEUTE GELAUNT

....

GESAMTBEWERTUNG

....

DATUM: .... DAUER: ....

DAS HABE ICH TRAINIERT: ....
....
....

DAS KANN ICH NÄCHSTES MAL BESSER MACHEN: ....
....
....

DAS HAT MEIN TRAINER GESAGT: ....
....
....

NOTIZEN: ....
....
....
....
....
....

SO WAR MEIN PFERD HEUTE GELAUNT

....

SO WAR ICH HEUTE GELAUNT

....

GESAMTBEWERTUNG

....

DATUM: .... DAUER: ....

DAS HABE ICH TRAINIERT: ....
....
....

DAS KANN ICH NÄCHSTES MAL BESSER MACHEN: ....
....
....

DAS HAT MEIN TRAINER GESAGT: ....
....
....

NOTIZEN: ....
....
....
....
....
....

SO WAR MEIN PFERD HEUTE GELAUNT
....
SO WAR ICH HEUTE GELAUNT
....
GESAMTBEWERTUNG
....

DATUM:.. DAUER: ....

DAS HABE ICH TRAINIERT: ....

....

....

....

DAS KANN ICH NÄCHSTES MAL BESSER MACHEN:...

....

....

....

DAS HAT MEIN TRAINER GESAGT:..

....

....

....

NOTIZEN:..

....

....

....

....

....

SO WAR MEIN PFERD HEUTE GELAUNT

....

SO WAR ICH HEUTE GELAUNT

....

GESAMTBEWERTUNG

....

DATUM: .... DAUER: ....

DAS HABE ICH TRAINIERT: ....
....
....

DAS KANN ICH NÄCHSTES MAL BESSER MACHEN: ....
....
....

DAS HAT MEIN TRAINER GESAGT: ....
....
....

NOTIZEN: ....
....
....
....
....
....

SO WAR MEIN PFERD HEUTE GELAUNT
....
SO WAR ICH HEUTE GELAUNT
....
GESAMTBEWERTUNG
....

DATUM: .... DAUER: ....

DAS HABE ICH TRAINIERT: ....
....
....

DAS KANN ICH NÄCHSTES MAL BESSER MACHEN: ....
....
....

DAS HAT MEIN TRAINER GESAGT: ....
....
....

NOTIZEN: ....
....
....
....
....
....

SO WAR MEIN PFERD HEUTE GELAUNT
....

SO WAR ICH HEUTE GELAUNT
....

GESAMTBEWERTUNG
....

DATUM: .... DAUER: ....

DAS HABE ICH TRAINIERT: ....
....
....

DAS KANN ICH NÄCHSTES MAL BESSER MACHEN: ....
....
....

DAS HAT MEIN TRAINER GESAGT: ....
....
....

NOTIZEN: ....
....
....
....
....
....

SO WAR MEIN PFERD HEUTE GELAUNT
....

SO WAR ICH HEUTE GELAUNT
....

GESAMTBEWERTUNG
....

DATUM: .... DAUER: ....

DAS HABE ICH TRAINIERT: ....
....
....

DAS KANN ICH NÄCHSTES MAL BESSER MACHEN: ....
....
....

DAS HAT MEIN TRAINER GESAGT: ....
....
....

NOTIZEN: ....
....
....
....
....

SO WAR MEIN PFERD HEUTE GELAUNT
....

SO WAR ICH HEUTE GELAUNT
....

GESAMTBEWERTUNG
....

DATUM: .... DAUER: ....

DAS HABE ICH TRAINIERT: ....
....
....

DAS KANN ICH NÄCHSTES MAL BESSER MACHEN: ....
....
....

DAS HAT MEIN TRAINER GESAGT: ....
....
....

NOTIZEN: ....
....
....
....
....
....

SO WAR MEIN PFERD HEUTE GELAUNT
....

SO WAR ICH HEUTE GELAUNT
....

GESAMTBEWERTUNG
....

DATUM:... DAUER: ....

DAS HABE ICH TRAINIERT: ....
....
....

DAS KANN ICH NÄCHSTES MAL BESSER MACHEN:..................................
....
....

DAS HAT MEIN TRAINER GESAGT:...
....
....

NOTIZEN:...
....
....
....
....
....

SO WAR MEIN PFERD HEUTE GELAUNT
....

SO WAR ICH HEUTE GELAUNT
....

GESAMTBEWERTUNG
....

DATUM: .... DAUER: ....

DAS HABE ICH TRAINIERT: ....
....
....

DAS KANN ICH NÄCHSTES MAL BESSER MACHEN:............................
....
....

DAS HAT MEIN TRAINER GESAGT:....................................
....
....

NOTIZEN:....................................
....
....
....
....
....

SO WAR MEIN PFERD HEUTE GELAUNT
....

SO WAR ICH HEUTE GELAUNT
....

GESAMTBEWERTUNG
....

DATUM:.. DAUER: ....

DAS HABE ICH TRAINIERT: ....
....
....

DAS KANN ICH NÄCHSTES MAL BESSER MACHEN:....................................
....
....

DAS HAT MEIN TRAINER GESAGT:..
....
....

NOTIZEN: ....
....
....
....
....
....

SO WAR MEIN PFERD HEUTE GELAUNT
....

SO WAR ICH HEUTE GELAUNT
....

GESAMTBEWERTUNG
....

DATUM: .... DAUER: ....

DAS HABE ICH TRAINIERT: ....
....
....

DAS KANN ICH NÄCHSTES MAL BESSER MACHEN: ....
....
....

DAS HAT MEIN TRAINER GESAGT: ....
....
....

NOTIZEN: ....
....
....
....
....
....

SO WAR MEIN PFERD HEUTE GELAUNT
....

SO WAR ICH HEUTE GELAUNT
....

GESAMTBEWERTUNG
....

DATUM: .... DAUER: ....

DAS HABE ICH TRAINIERT: ....
....
....

DAS KANN ICH NÄCHSTES MAL BESSER MACHEN: ....
....
....

DAS HAT MEIN TRAINER GESAGT: ....
....
....

NOTIZEN: ....
....
....
....
....
....

SO WAR MEIN PFERD HEUTE GELAUNT
....

SO WAR ICH HEUTE GELAUNT
....

GESAMTBEWERTUNG
....

DATUM: .... DAUER: ....

DAS HABE ICH TRAINIERT: ....
....
....

DAS KANN ICH NÄCHSTES MAL BESSER MACHEN: ....
....
....

DAS HAT MEIN TRAINER GESAGT: ....
....
....

NOTIZEN: ....
....
....
....
....

SO WAR MEIN PFERD HEUTE GELAUNT
....
SO WAR ICH HEUTE GELAUNT
....
GESAMTBEWERTUNG
....

DATUM: .... DAUER: ....

DAS HABE ICH TRAINIERT: ....
....
....

DAS KANN ICH NÄCHSTES MAL BESSER MACHEN: ....
....
....

DAS HAT MEIN TRAINER GESAGT: ....
....
....

NOTIZEN: ....
....
....
....
....

SO WAR MEIN PFERD HEUTE GELAUNT
....

SO WAR ICH HEUTE GELAUNT
....

GESAMTBEWERTUNG
....

DATUM: .... DAUER: ....

DAS HABE ICH TRAINIERT: ....
....
....

DAS KANN ICH NÄCHSTES MAL BESSER MACHEN: ....
....
....

DAS HAT MEIN TRAINER GESAGT: ....
....
....

NOTIZEN: ....
....
....
....
....

SO WAR MEIN PFERD HEUTE GELAUNT
....

SO WAR ICH HEUTE GELAUNT
....

GESAMTBEWERTUNG
....

DATUM: .... DAUER: ....

DAS HABE ICH TRAINIERT: ....
....
....

DAS KANN ICH NÄCHSTES MAL BESSER MACHEN: ....
....
....

DAS HAT MEIN TRAINER GESAGT: ....
....
....

NOTIZEN: ....
....
....
....
....

SO WAR MEIN PFERD HEUTE GELAUNT
....

SO WAR ICH HEUTE GELAUNT
....

GESAMTBEWERTUNG
....

DATUM: .... DAUER: ....

DAS HABE ICH TRAINIERT: ....
....
....

DAS KANN ICH NÄCHSTES MAL BESSER MACHEN: ....
....
....

DAS HAT MEIN TRAINER GESAGT: ....
....
....

NOTIZEN: ....
....
....
....
....
....

SO WAR MEIN PFERD HEUTE GELAUNT
....
SO WAR ICH HEUTE GELAUNT
....
GESAMTBEWERTUNG
....

DATUM: .... DAUER: ....

DAS HABE ICH TRAINIERT: ....
....
....

DAS KANN ICH NÄCHSTES MAL BESSER MACHEN: ....
....
....

DAS HAT MEIN TRAINER GESAGT: ....
....
....

NOTIZEN: ....
....
....
....
....

SO WAR MEIN PFERD HEUTE GELAUNT
....

SO WAR ICH HEUTE GELAUNT
....

GESAMTBEWERTUNG
....

DATUM: .... DAUER: ....

DAS HABE ICH TRAINIERT: ....
....
....

DAS KANN ICH NÄCHSTES MAL BESSER MACHEN: ....
....
....

DAS HAT MEIN TRAINER GESAGT: ....
....
....

NOTIZEN: ....
....
....
....
....
....

SO WAR MEIN PFERD HEUTE GELAUNT
....
SO WAR ICH HEUTE GELAUNT
....
GESAMTBEWERTUNG
....

DATUM: .... DAUER: ....

DAS HABE ICH TRAINIERT: ....
....
....

DAS KANN ICH NÄCHSTES MAL BESSER MACHEN: ....
....
....

DAS HAT MEIN TRAINER GESAGT: ....
....
....

NOTIZEN: ....
....
....
....
....

SO WAR MEIN PFERD HEUTE GELAUNT
....

SO WAR ICH HEUTE GELAUNT
....

GESAMTBEWERTUNG
....

DATUM: .... DAUER: ....

DAS HABE ICH TRAINIERT: ....
....
....

DAS KANN ICH NÄCHSTES MAL BESSER MACHEN: ....
....
....
....

DAS HAT MEIN TRAINER GESAGT: ....
....
....
....

NOTIZEN: ....
....
....
....
....
....

SO WAR MEIN PFERD HEUTE GELAUNT
....

SO WAR ICH HEUTE GELAUNT
....

GESAMTBEWERTUNG
....

DATUM: .... DAUER: ....

DAS HABE ICH TRAINIERT: ....
....
....

DAS KANN ICH NÄCHSTES MAL BESSER MACHEN: ....
....
....

DAS HAT MEIN TRAINER GESAGT: ....
....
....

NOTIZEN: ....
....
....
....
....
....

SO WAR MEIN PFERD HEUTE GELAUNT
....

SO WAR ICH HEUTE GELAUNT
....

GESAMTBEWERTUNG
....

DATUM: .... DAUER: ....

DAS HABE ICH TRAINIERT: ....
....
....

DAS KANN ICH NÄCHSTES MAL BESSER MACHEN: ....
....
....

DAS HAT MEIN TRAINER GESAGT: ....
....
....

NOTIZEN: ....
....
....
....
....
....

SO WAR MEIN PFERD HEUTE GELAUNT
....

SO WAR ICH HEUTE GELAUNT
....

GESAMTBEWERTUNG
....

DATUM: .... DAUER: ....

DAS HABE ICH TRAINIERT: ....
....
....

DAS KANN ICH NÄCHSTES MAL BESSER MACHEN: ....
....
....

DAS HAT MEIN TRAINER GESAGT: ....
....
....

NOTIZEN: ....
....
....
....
....
....

SO WAR MEIN PFERD HEUTE GELAUNT
....

SO WAR ICH HEUTE GELAUNT
....

GESAMTBEWERTUNG
....

DATUM: .... DAUER: ....

DAS HABE ICH TRAINIERT: ....

....

....

DAS KANN ICH NÄCHSTES MAL BESSER MACHEN: ....

....

....

DAS HAT MEIN TRAINER GESAGT: ....

....

....

NOTIZEN: ....

....

....

....

....

....

SO WAR MEIN PFERD HEUTE GELAUNT

....

SO WAR ICH HEUTE GELAUNT

....

GESAMTBEWERTUNG

....

DATUM: .... DAUER: ....

DAS HABE ICH TRAINIERT: ....
....
....

DAS KANN ICH NÄCHSTES MAL BESSER MACHEN: ....
....
....

DAS HAT MEIN TRAINER GESAGT: ....
....
....

NOTIZEN: ....
....
....
....
....

SO WAR MEIN PFERD HEUTE GELAUNT
....

SO WAR ICH HEUTE GELAUNT
....

GESAMTBEWERTUNG
....

DATUM: .... DAUER: ....

DAS HABE ICH TRAINIERT: ....
....
....

DAS KANN ICH NÄCHSTES MAL BESSER MACHEN: ....
....
....

DAS HAT MEIN TRAINER GESAGT: ....
....
....

NOTIZEN: ....
....
....
....
....

SO WAR MEIN PFERD HEUTE GELAUNT
....

SO WAR ICH HEUTE GELAUNT
....

GESAMTBEWERTUNG
....

DATUM: .... DAUER: ....

DAS HABE ICH TRAINIERT: ....
....
....

DAS KANN ICH NÄCHSTES MAL BESSER MACHEN: ....
....
....

DAS HAT MEIN TRAINER GESAGT: ....
....
....

NOTIZEN: ....
....
....
....
....
....

SO WAR MEIN PFERD HEUTE GELAUNT
....

SO WAR ICH HEUTE GELAUNT
....

GESAMTBEWERTUNG
....

DATUM: .... DAUER: ....

DAS HABE ICH TRAINIERT: ....
....
....

DAS KANN ICH NÄCHSTES MAL BESSER MACHEN: ....
....
....

DAS HAT MEIN TRAINER GESAGT: ....
....
....

NOTIZEN: ....
....
....
....
....
....

SO WAR MEIN PFERD HEUTE GELAUNT
....

SO WAR ICH HEUTE GELAUNT
....

GESAMTBEWERTUNG
....

DATUM: .... DAUER: ....

DAS HABE ICH TRAINIERT: ....
....
....

DAS KANN ICH NÄCHSTES MAL BESSER MACHEN: ....
....
....

DAS HAT MEIN TRAINER GESAGT: ....
....
....

NOTIZEN: ....
....
....
....
....
....

SO WAR MEIN PFERD HEUTE GELAUNT
....

SO WAR ICH HEUTE GELAUNT
....

GESAMTBEWERTUNG
....

DATUM: .... DAUER: ....

DAS HABE ICH TRAINIERT: ....
....
....

DAS KANN ICH NÄCHSTES MAL BESSER MACHEN: ....
....
....

DAS HAT MEIN TRAINER GESAGT: ....
....
....

NOTIZEN: ....
....
....
....
....
....

SO WAR MEIN PFERD HEUTE GELAUNT
....
SO WAR ICH HEUTE GELAUNT
....
GESAMTBEWERTUNG
....

DATUM: .... DAUER: ....

DAS HABE ICH TRAINIERT: ....

....

....

DAS KANN ICH NÄCHSTES MAL BESSER MACHEN: ....

....

....

DAS HAT MEIN TRAINER GESAGT: ....

....

....

NOTIZEN: ....

....

....

....

....

....

SO WAR MEIN PFERD HEUTE GELAUNT

....

SO WAR ICH HEUTE GELAUNT

....

GESAMTBEWERTUNG

....

DATUM: .... DAUER: ....

DAS HABE ICH TRAINIERT: ....
....
....

DAS KANN ICH NÄCHSTES MAL BESSER MACHEN: ....
....
....
....

DAS HAT MEIN TRAINER GESAGT: ....
....
....
....

NOTIZEN: ....
....
....
....
....
....

SO WAR MEIN PFERD HEUTE GELAUNT
....
SO WAR ICH HEUTE GELAUNT
....
GESAMTBEWERTUNG
....

DATUM: .... DAUER: ....

DAS HABE ICH TRAINIERT: ....
....
....

DAS KANN ICH NÄCHSTES MAL BESSER MACHEN: ....
....
....

DAS HAT MEIN TRAINER GESAGT: ....
....
....

NOTIZEN: ....
....
....
....
....

SO WAR MEIN PFERD HEUTE GELAUNT
....

SO WAR ICH HEUTE GELAUNT
....

GESAMTBEWERTUNG
....

DATUM: .... DAUER: ....

DAS HABE ICH TRAINIERT: ....
....
....

DAS KANN ICH NÄCHSTES MAL BESSER MACHEN: ....
....
....

DAS HAT MEIN TRAINER GESAGT: ....
....
....

NOTIZEN: ....
....
....
....
....
....

SO WAR MEIN PFERD HEUTE GELAUNT
....

SO WAR ICH HEUTE GELAUNT
....

GESAMTBEWERTUNG
....

DATUM: .... DAUER: ....

DAS HABE ICH TRAINIERT: ....

....

....

DAS KANN ICH NÄCHSTES MAL BESSER MACHEN: ....

....

....

DAS HAT MEIN TRAINER GESAGT: ....

....

....

NOTIZEN: ....

....

....

....

....

....

SO WAR MEIN PFERD HEUTE GELAUNT

....

SO WAR ICH HEUTE GELAUNT

....

GESAMTBEWERTUNG

....

DATUM: .... DAUER: ....

DAS HABE ICH TRAINIERT: ....
....
....

DAS KANN ICH NÄCHSTES MAL BESSER MACHEN: ....
....
....

DAS HAT MEIN TRAINER GESAGT: ....
....
....

NOTIZEN: ....
....
....
....
....
....

SO WAR MEIN PFERD HEUTE GELAUNT
....

SO WAR ICH HEUTE GELAUNT
....

GESAMTBEWERTUNG
....

DATUM: .... DAUER: ....

DAS HABE ICH TRAINIERT: ....
....
....

DAS KANN ICH NÄCHSTES MAL BESSER MACHEN: ....
....
....

DAS HAT MEIN TRAINER GESAGT: ....
....
....

NOTIZEN: ....
....
....
....
....

SO WAR MEIN PFERD HEUTE GELAUNT
....

SO WAR ICH HEUTE GELAUNT
....

GESAMTBEWERTUNG
....

DATUM: .... DAUER: ....

DAS HABE ICH TRAINIERT: ....
....
....

DAS KANN ICH NÄCHSTES MAL BESSER MACHEN: ....
....
....

DAS HAT MEIN TRAINER GESAGT: ....
....
....

NOTIZEN: ....
....
....
....
....
....

SO WAR MEIN PFERD HEUTE GELAUNT
....

SO WAR ICH HEUTE GELAUNT
....

GESAMTBEWERTUNG
....

DATUM: .... DAUER: ....

DAS HABE ICH TRAINIERT: ....

....

....

DAS KANN ICH NÄCHSTES MAL BESSER MACHEN: ....

....

....

DAS HAT MEIN TRAINER GESAGT: ....

....

....

NOTIZEN: ....

....

....

....

....

....

SO WAR MEIN PFERD HEUTE GELAUNT

....

SO WAR ICH HEUTE GELAUNT

....

GESAMTBEWERTUNG

....

DATUM: .... DAUER: ....

DAS HABE ICH TRAINIERT: ....
....
....

DAS KANN ICH NÄCHSTES MAL BESSER MACHEN: ....
....
....

DAS HAT MEIN TRAINER GESAGT: ....
....
....

NOTIZEN: ....
....
....
....
....
....

SO WAR MEIN PFERD HEUTE GELAUNT
....

SO WAR ICH HEUTE GELAUNT
....

GESAMTBEWERTUNG
....

DATUM: .... DAUER: ....

DAS HABE ICH TRAINIERT: ....
....
....

DAS KANN ICH NÄCHSTES MAL BESSER MACHEN: ....
....
....

DAS HAT MEIN TRAINER GESAGT: ....
....
....

NOTIZEN: ....
....
....
....
....

SO WAR MEIN PFERD HEUTE GELAUNT
....

SO WAR ICH HEUTE GELAUNT
....

GESAMTBEWERTUNG
....

DATUM: .... DAUER: ....

DAS HABE ICH TRAINIERT: ....
....
....

DAS KANN ICH NÄCHSTES MAL BESSER MACHEN: ....
....
....

DAS HAT MEIN TRAINER GESAGT: ....
....
....

NOTIZEN: ....
....
....
....
....
....

SO WAR MEIN PFERD HEUTE GELAUNT
....

SO WAR ICH HEUTE GELAUNT
....

GESAMTBEWERTUNG
....

DATUM: .... DAUER: ....

DAS HABE ICH TRAINIERT: ....
....
....

DAS KANN ICH NÄCHSTES MAL BESSER MACHEN: ....
....
....

DAS HAT MEIN TRAINER GESAGT: ....
....
....

NOTIZEN: ....
....
....
....

SO WAR MEIN PFERD HEUTE GELAUNT
....

SO WAR ICH HEUTE GELAUNT
....

GESAMTBEWERTUNG
....

DATUM: .... DAUER: ....

DAS HABE ICH TRAINIERT: ....
....
....

DAS KANN ICH NÄCHSTES MAL BESSER MACHEN: ....
....
....
....

DAS HAT MEIN TRAINER GESAGT: ....
....
....
....

NOTIZEN: ....
....
....
....
....
....

SO WAR MEIN PFERD HEUTE GELAUNT
....

SO WAR ICH HEUTE GELAUNT
....

GESAMTBEWERTUNG
....

DATUM: .... DAUER: ....

DAS HABE ICH TRAINIERT: ....
....
....

DAS KANN ICH NÄCHSTES MAL BESSER MACHEN: ....
....
....

DAS HAT MEIN TRAINER GESAGT: ....
....
....

NOTIZEN: ....
....
....
....
....

SO WAR MEIN PFERD HEUTE GELAUNT
....

SO WAR ICH HEUTE GELAUNT
....

GESAMTBEWERTUNG
....

DATUM: .... DAUER: ....

DAS HABE ICH TRAINIERT: ....
....
....

DAS KANN ICH NÄCHSTES MAL BESSER MACHEN: ....
....
....

DAS HAT MEIN TRAINER GESAGT: ....
....
....

NOTIZEN: ....
....
....
....
....
....

SO WAR MEIN PFERD HEUTE GELAUNT
....
SO WAR ICH HEUTE GELAUNT
....
GESAMTBEWERTUNG
....

DATUM:... DAUER: ....

DAS HABE ICH TRAINIERT: ....
....
....

DAS KANN ICH NÄCHSTES MAL BESSER MACHEN:.........................
....
....

DAS HAT MEIN TRAINER GESAGT:.......................................
....
....

NOTIZEN:..
....
....
....
....
....

SO WAR MEIN PFERD HEUTE GELAUNT
....

SO WAR ICH HEUTE GELAUNT
....

GESAMTBEWERTUNG
....

DATUM: .... DAUER: ....

DAS HABE ICH TRAINIERT: ....
....
....

DAS KANN ICH NÄCHSTES MAL BESSER MACHEN: ....
....
....

DAS HAT MEIN TRAINER GESAGT: ....
....
....

NOTIZEN: ....
....
....
....
....

SO WAR MEIN PFERD HEUTE GELAUNT
....

SO WAR ICH HEUTE GELAUNT
....

GESAMTBEWERTUNG
....

DATUM: .... DAUER: ....

DAS HABE ICH TRAINIERT: ....
....
....

DAS KANN ICH NÄCHSTES MAL BESSER MACHEN: ....
....
....

DAS HAT MEIN TRAINER GESAGT: ....
....
....

NOTIZEN: ....
....
....
....
....
....

SO WAR MEIN PFERD HEUTE GELAUNT
....

SO WAR ICH HEUTE GELAUNT
....

GESAMTBEWERTUNG
....

DATUM: .... DAUER: ....

DAS HABE ICH TRAINIERT: ....
....
....

DAS KANN ICH NÄCHSTES MAL BESSER MACHEN: ....
....
....

DAS HAT MEIN TRAINER GESAGT: ....
....
....

NOTIZEN: ....
....
....
....
....
....

SO WAR MEIN PFERD HEUTE GELAUNT
....

SO WAR ICH HEUTE GELAUNT
....

GESAMTBEWERTUNG
....

DATUM: .... DAUER: ....

DAS HABE ICH TRAINIERT: ....
....
....

DAS KANN ICH NÄCHSTES MAL BESSER MACHEN: ....
....
....

DAS HAT MEIN TRAINER GESAGT: ....
....
....

NOTIZEN: ....
....
....
....
....

SO WAR MEIN PFERD HEUTE GELAUNT
....

SO WAR ICH HEUTE GELAUNT
....

GESAMTBEWERTUNG
....

DATUM: .... DAUER: ....

DAS HABE ICH TRAINIERT: ....
....
....

DAS KANN ICH NÄCHSTES MAL BESSER MACHEN: ....
....
....

DAS HAT MEIN TRAINER GESAGT: ....
....
....

NOTIZEN: ....
....
....
....
....

SO WAR MEIN PFERD HEUTE GELAUNT
....

SO WAR ICH HEUTE GELAUNT
....

GESAMTBEWERTUNG
....

DATUM: .... DAUER: ....

DAS HABE ICH TRAINIERT: ....
....
....

DAS KANN ICH NÄCHSTES MAL BESSER MACHEN: ....
....
....

DAS HAT MEIN TRAINER GESAGT: ....
....
....

NOTIZEN: ....
....
....
....
....

SO WAR MEIN PFERD HEUTE GELAUNT
....

SO WAR ICH HEUTE GELAUNT
....

GESAMTBEWERTUNG
....

DATUM: .... DAUER: ....

DAS HABE ICH TRAINIERT: ....

....

....

DAS KANN ICH NÄCHSTES MAL BESSER MACHEN: ....

....

....

DAS HAT MEIN TRAINER GESAGT: ....

....

....

NOTIZEN: ....

....

....

....

....

....

SO WAR MEIN PFERD HEUTE GELAUNT

....

SO WAR ICH HEUTE GELAUNT

....

GESAMTBEWERTUNG

....

DATUM: .... DAUER: ....

DAS HABE ICH TRAINIERT: ....
....
....

DAS KANN ICH NÄCHSTES MAL BESSER MACHEN: ....
....
....

DAS HAT MEIN TRAINER GESAGT: ....
....
....

NOTIZEN: ....
....
....
....
....
....

SO WAR MEIN PFERD HEUTE GELAUNT
....

SO WAR ICH HEUTE GELAUNT
....

GESAMTBEWERTUNG
....

DATUM: .... DAUER: ....

DAS HABE ICH TRAINIERT: ....
....
....

DAS KANN ICH NÄCHSTES MAL BESSER MACHEN: ....
....
....

DAS HAT MEIN TRAINER GESAGT: ....
....
....

NOTIZEN: ....
....
....
....
....
....

SO WAR MEIN PFERD HEUTE GELAUNT
....

SO WAR ICH HEUTE GELAUNT
....

GESAMTBEWERTUNG
....

DATUM: .... DAUER: ....

DAS HABE ICH TRAINIERT: ....
....
....

DAS KANN ICH NÄCHSTES MAL BESSER MACHEN: ....
....
....

DAS HAT MEIN TRAINER GESAGT: ....
....
....

NOTIZEN: ....
....
....
....
....

SO WAR MEIN PFERD HEUTE GELAUNT
....

SO WAR ICH HEUTE GELAUNT
....

GESAMTBEWERTUNG
....

Printed in Poland
by Amazon Fulfillment
Poland Sp. z o.o., Wrocław

30545149R00067